Grüne SMOOTHIES

200 REZEPTE
GESUND · SCHNELL · LECKER

Das vorliegende Buch ist gewissenhaft erarbeitet worden. Dennoch erfolgen alle Angaben ohne Gewähr. Eine Haftung für eventuelle Nachteile oder Schäden, die aus den im Buch gemachten praktischen Hinweisen resultieren, kann weder vom Autor noch vom Verlag übernommen werden. Jegliche Haftung für Vermögens-, Personen- oder Sachschäden ist ausdrücklich ausgeschlossen.

Das Werk einschließlich aller seiner Teile ist urheberrechtlich geschützt. Jede Verwertung außerhalb der Grenzen des Urheberrechtsgesetzes ist ohne Zustimmung des Autors und des Verlages unzulässig und strafbar. Das gilt insbesondere für Vervielfältigungen, Übersetzungen, Mikroverfilmungen und die Einspeicherung und Verarbeitung in elektronischen Systemen.

Alice Anderson
Printed in Germany
Titelfoto: Ildipapp, dreamstime.com, Innenseiten Foto: Tomboy2290, dreamstime.com
© 2014 Herstellung und Verlag: Books on Demand GmbH, Norderstedt

ISBN 9783735736505

Grüne Smoothies

Grüne Smoothies schmecken super und erfreuen sich nicht nur wegen ihrer gesunden Inhaltsstoffe einer immer größeren Beliebtheit. Mit grünen Smoothies ernähren Sie sich gesund, schnell und auch noch sehr einfach – denn selten sind mehr als ein paar frische Zutaten und Wasser nötig.

Bevor Sie mit dem Mixen anfangen, noch ein paar Tipps, die Ihnen bei der Zubereitung eines perfekten grünen Smoothies helfen werden:

- **Als Mixer empfiehlt sich ein Hochleistungsmixer mit einer ausreichenden Leistung und hoher Messergeschwindigkeit von ca. 18.000-30.000 Umdrehungen pro Minute. Mit solchen Mixern, wie Sie auch in der Gastronomie verwendet werden, zerkleinern Sie alle Zutaten zu Smoothies mit einer perfekt cremigen Konsistenz ohne verbleibende Stückchen.**

- **Gefrorene Zutaten – wie gefrorene Mangostücke, Spinat, Bananen, Beeren, etc. kühlen den Drink gleich während der Zubereitung herunter und verleihen ihm einen angenehm kühlen Geschmack.**

- **Generell besteht ein grüner Smoothie etwa aus 50% Obst, 50% grünen Blättern und Wasser nach belieben.**

- **Geben Sie zuerst die saftigen Obstsorten auf das Mixermesser damit beim Mixvorgang alle Bestandteile im Mixbecher besser vom Messer erfasst werden.**

- Da Sie viele Obstsorten ungeschält und mit Kerngehäuse verwenden können, sollten Sie nur Bio-Qualität verwenden. Obst und Salat sollten vor der Verwendung immer gewaschen werden!

- Die Wassermenge in den Rezepten richtet sich nach Ihren Vorlieben. Am einfachsten ist es, den mit Obst und Blattgemüse gefüllten Mixbecher ca. bis zur Hälfte mit Wasser aufzufüllen. Nach dem ersten Mixvorgang erkennen Sie sehr schnell, ob der Smoothie zu dick ist. Nun können Sie nach weiteres Wasser zugeben und noch einmal kurz aufmixen.

- Ist Ihnen ein Smoothie nicht süß genug, geben Sie einfach ein paar Weintrauben, eine Banane oder eine oder mehrere Datteln (ohne Stein) dazu und mixen erneut gut durch. Süßende Mittel wie Zucker, Honig oder Sirup sind nicht notwendig.

- Eine cremige Konsistenz des Smoothies ist nicht nur vom Mixer sondern auch von den Zutaten abhängig. Wenn Sie Banane, Birne, Mango oder Avocado als Zutat verwenden, erhalten Sie einen homogenen und cremigen Smoothie, der sich nicht schnell in eine feste und eine flüssige Schicht trennen wird.

- Für den Anfang empfiehlt sich die Verwendung von eher neutral schmeckendem Blattgemüse wie Spinat, Feldsalat oder Kopfsalat. Je nach Belieben können aber auch bittere und herzhafte Sorten wie Römersalat, Chircorée, Rucola usf. zugefügt werden.

Wandeln Sie die Rezepte nach Ihren Vorlieben ab und genießen Sie!

1. Banane-Mango Klassiker

150g Babyspinat
1 Banane
1 Mango oder 1 Tasse gefrorene Mango
50 ml Apfelsaft
50 ml Orangensaft
Wasser

2. Himbeersmoothie

1 kleiner Salatkopf
(Sorte je nach Belieben von neutral bis bitter)
2 Pfirsiche
10 Weintrauben (kernlos)
1 Aprikose
1 Tasse Himbeeren (evtl. gefroren)
Wasser

3. Petersilie mal anders

1 Bund Petersilie
ein paar Salatblätter
2 Bananen (evtl. gefroren)
1 Orange
1 Apfel
Wasser

4. Melone pur

Wassermelone (ca. Hälfte des Mixbechers)
1 Tasse gefrorene Mango
Mixer mit Salatkopf (Sorte je nach Belieben von neutral bis bitter) auffüllen
je nach Geschmack etwas Zitronensaft
Wasser

5. Lila Wachmacher

2 Tassen Heidelbeeren
Spinat
2 Tassen Orangensaft
Wasser

6. Sauer und süß

1 Tasse Mango (evtl. gefroren)
1 Tasse rote Johannisbeeren
1 Tasse schwarze Johannisbeeren
150 g Feldsalat
1 Tasse Apfelsaft
Wasser

1 Tasse = ca. 250 ml oder ¼ Liter

7. Traubenfreude

1 Salatgurke mit Schale
2 Tassen Weintrauben (kernlos)
1 Kiwi
1 Orange
1 Apfel
Ein paar Salatblätter
1 kleines Stück Ingwer
Wasser

8. Grüne Energie

2 Birnen
2 Tassen Mangold
1 Banane (gefroren)
1 Apfel
Wasser mit einem Spritzer Zitronensaft

9. Erdbeer-Smoothie

2 Tassen Chinakohl
2 Tassen Erdbeeren
1 reife Mango oder 2 Tassen gefrorene Mango
2 Bananen
Wasser

10. Frisches Wunder

2 Pfirsiche
2 Orangen
2 Äpfel
1 Tasse Himbeeren (gefroren)
Wasser

11. Blaue Lagune

150 g Babyspinat
1 kleines Stück Ingwer
1 Tasse Blaubeeren (gefroren)
1 Tasse Apfelsaft
1 Tasse Wasser

12. Anna Nass

½ Salatkopf (Sorte je nach Belieben von neutral bis bitter)
1 Tasse Ananas
2 Tassen Mango (gefroren)
1 Banane
2 Tassen Wasser

13. Apfel und mehr

1 Tasse Erdbeeren (mit Grün)
1 Banane
150 g Spinat
1 Apfel
1 Tasse Apfelsaft
1 Tasse Wasser

14. Traubensaft

Kohlblätter
10 Weintrauben kernlos
1 Banane
1 Apfel
2 Tassen Wasser

15. Fitte Beeren

½ Salatkopf (Sorte je nach Belieben von neutral bis bitter)
1 Tasse Brombeeren
1 Tasse reife Johannisbeeren
2 Tassen Apfelsaft

16. Wachmacher

150g Babyspinat
1 Mango
2 Bananen (gefroren)
1 Stückchen Ingwer
1 Tasse Ananas
Wasser

17. Energietank

1 Tasse Kohl
2-4 Blätter Mangold (je nach Größe)
2 Äpfel
½ Zitrone (Saft oder Frucht ohne Kerne)
1 Tasse Mango (gefroren)
Wasser

18. Blau und Grün

1 Tasse Petersilie
¼ Salatkopf (Sorte je nach Belieben von neutral bis bitter)
1 Apfel
2 Orangen
1 Tasse Heidelbeeren
Wasser

1 Tasse = ca. 250 ml oder ¼ Liter

19. Birne-Mangold-Smoothie

Mangold
2 Birnen
ein paar Weintrauben (kernlos)
1 Apfel
1 Banane (gefroren)
Wasser

20. Mango-Mangold-Smoothie

Mangold
2 Orangen
1 Apfel
2 Tassen Mango (gefroren)
Wasser

21. Spinat-Power

200 g Spinat
1 Apfel
2 Bananen (gefroren)
1 Orange
1 kleines Stück Ingwer

22. Kiwi-Drink

½ Salatkopf (Sorte je nach Belieben von neutral bis bitter)
2 reife Kiwis
1 Orange
2 Tassen Ananas
Wasser

23. Minzy!

Minze (Blätter von einem Zweig, ca. 8-10 St.)
5 Salatblätter
2 Tassen Mango
1 Orange
Wasser

24. Der Kraftmacher

1 Stange Sellerie
½ Salatkopf (Sorte je nach Belieben von neutral bis bitter)
1 Orange
1 Birne
1 Apfel
Wasser

1 Tasse = ca. 250 ml oder ¼ Liter

25. Minze und mehr

200g Spinat
Minze (Blätter von einem Zweig, ca. 8-10 St.)
2 reife Kiwis
1 Orange
2 Bananen (gefroren)
Wasser

26. Flüssige Power

½ Salatkopf (Sorte je nach Belieben von neutral bis bitter)
2 Äpfel
1 Orange
1 Mango
etwas Zitronensaft
Wasser

27. Kräuterkraft

2 Tassen Petersilie
2 Orangen
2 Tassen Mango (gefroren)
Wasser

28. Orange-Mandarine

200g Spinat
2 Mandarinen
2 Orangen
2 Bananen
1 Apfel
Wasser

29. Beeren und Pfirsiche

½ Salatkopf (Sorte je nach Belieben von neutral bis bitter)
3 Pfirsiche
1 Aprikose
1 Banane (gefroren)
1 Hand voll Beeren (Johannisbeeren oder Brombeeren)
Wasser

30. Weizengras-Drink

1 Tasse Weizengras
1 Tasse Mangold
2 Tassen Mango (gefroren)
1 Banane
1 Birne
Wasser

1 Tasse = ca. 250 ml oder ¼ Liter

31. Erdbeer-Johannisbeer-Smoothie

½ Salatkopf (Sorte je nach Belieben von neutral bis bitter)
2 Blätter Minze
2 Pfirsiche oder Nektarinen
1 Tasse Erdbeeren
1 Tasse reife Johannisbeeren
Wasser

32. Süß und Sauer

150g Babyspinat
1 Pfirsich
1 Banane
1 Apfel
½ Zitrone (geschält ohne Kerne)
1 reife Kiwi

33. Orangenglut

1 Salatkopf (Sorte je nach Belieben von neutral bis bitter)
1 Mango
2 Orangen
2 Mandarinen
1 Tasse Orangensaft
Wasser

34. 2 x Berry

150g Spinat
2 Tassen Beerenmischung (gefroren)
1 Banane
Wasser

35. Rote Beete ganz anders

Blätter einer roten Beete
2 Äpfel
2 Orangen
1 Tasse Erdbeeren (mit Grün)
Apfelsaft oder Wasser

36. Auf in die Tropen

½ Salatkopf (Sorte je nach Belieben von neutral bis bitter)
2 Tassen Ananas
½ Papaya (ohne Kerne)
½ Banane (gefroren)
1 Apfel
Wasser

37. Schnelle Power

5-6 Blätter Mangold
1 Dattel (ohne Stein)
2 Bananen
1 Orange
1 Apfel
Wasser

38. Pikante Überraschung

1 Bund Persilie
5 Blätter Salat
2 reife Kiwis
2 Tassen Mango (gefroren)
1 Apfel
Wasser

39. Tropic

150g Feldsalat
½ Ananas
etwas Kokosmilch
2 Tassen Mango (gefroren)
1 Tasse Orangensaft
Wasser

40. Kressenblitz

150g Feldsalat
etwas Brunnenkresse
1 Orange
1 Apfel
1 Pfisich
1 Banane
Wasser

41. 3 x Beere + Banane

150g Spinat
1 Tasse Johannisbeeren
1 Tasse Heidelbeeren
1 Tasse Brombeeren
1 Banane
Wasser

42. Ananas und Traube

½ Salatkopf (Sorte je nach Belieben von neutral bis bitter)
½ Ananas
1 Banane
1 Apfel
1 Tasse Weintrauben (kernlos)
Wasser

43. Birnenklassiker

einige Kohlblätter
2 Birnen
1 Orange
1 Tasse Mango (gefroren)
Wasser

44. Cremige Heidelbeere

150g Feldsalat
2 Tassen Heidelbeeren
2 Birnen
Wasser

45. Fruchtige Versuchung

150g Spinat
2 Birnen
2 Äpfel
2 Bananen
Wasser

46. Sauer macht lustig!

½ Salatkopf (Sorte je nach Belieben von neutral bis bitter)
2 Orangen
½ Zitrone (geschält, ohne Kerne)
1 Grapefruit (geschält, ohne Kerne)
1 Banane
Wasser

47. Scharfe Abwechslung

1 Bund Rucola
2 Bananen
2 Äpfel
1 Orange
Wasser

48. Bitter-Fun

1 Bund Löwenzahn
2 Tassen Mango (gefroren)
1 Apfel
1 Tasse Orangensaft
Wasser

1 Tasse = ca. 250 ml oder ¼ Liter

49. Feldsalat-Birne

150g Feldsalat
2 Birnen
2 Kiwis
1 Stückchen Ingwer
Wasser

50. Salat und mehr

½ Salatkopf (Sorte je nach Belieben von neutral bis bitter)
1 Hand voll Spinat
1 reife Mango
2 Orangen

51. Banane & Melone

100g Feldsalat
100g Spinat
2 Bananen
2 Tassen Wassermelone
1 Orange
Wasser

52. Kiwi im Quadrat

200g Salatmischung
4 reife Kiwis
½ Papaya ohne Kerne
½ Zitrone (geschält ohne Kerne)
1 Banane (gefroren)
10 Weintrauben (kernlos)

53. Sauerampfer!

1 kleiner Bund Sauerampfer
100g Spinat
3 Birnen
2 Tassen Apfelsaft
Wasser

54. Red Red Red

Blätter einer Roten Beete
2-6 Blätter Radicchio
4 Tassen Erdbeeren
2 Tassen Apfelsaft
Wasser

1 Tasse = ca. 250 ml oder ¼ Liter

55. Mangold & Minze

4 Blätter Mangold
1 Hand voll Chinakohl
1 Blatt Minze
1 Apfel
1 Orange
1 Banane
Wasser

56. Brennessel

1 Tasse junge Brennesselblätter
½ Zitrone ohne Kerne
1 Apfel
2 Tassen Mango (gefroren)
2 Tassen Orangensaft
Wasser

57. Gurkenerfrischung

1 Salatgurke
1 Apfel
1 Orange
3 Birnen
Wasser

58. Brunnenkresse

½ Salatkopf (Sorte je nach Belieben von neutral bis bitter)
etwas Brunnenkresse
1 kleines Stück Ingwer
1 Mango
2 Pfirsiche
Wasser

59. China-Dream

1 Pak Choi
1 Apfel
1 Dattel (ohne Stein)
1 Mango oder 2 Tassen gefrorene Mangostücke
1 Birne

60. Grünes Geheimnis

1 Bund Löwenzahn
4 Kiwis
1 Banane
1 Orange
Wasser

1 Tasse = ca. 250 ml oder ¼ Liter

61. Der Winter kann kommen!

150g Feldsalat
10 Zwetschgen (ohne Stein)
1 Tasse Johannisbeeren
1 Banane

62. Blue Orange

150g Spinat
2 Tassen Heidelbeeren
2 Kiwis
1 Tasse Erdbeeren
1 Orange
Wasser

63. Avocado Taste

½ Salatkopf (Sorte je nach Belieben von neutral bis bitter)
2 Kohlblätter
1 Kiwi
½ Avocado (ohne Stein)
1 Orange
1 Apfel
1 Birne
Wasser

64. Zwetschgen fruchtig

150g Feldsalat
10 Zwetschgen (entsteint)
1 Banane
½ Zitrone (ohne Kerne)
1 Apfel
1 Tasse Mango (gefroren)
Wasser

65. Cremiger Genuss

½ Avocado
3 Birnen
1 Pfirsich
1 Banane
Wasser

66. Fruchtgurke

½ Salatgurke
1 Hand voll Salat
2 Birnen
2 Orangen
1 Tasse Mango (gefroren)
Wasser

1 Tasse = ca. 250 ml oder ¼ Liter

67. Traube und mehr

½ Salatgurke
2 Äpfel
1 Banane
1 Tasse Weintrauben (kernlos)
Wasser

68. China Mango

2 Tassen Chinakohl
1 Banane
1 Apfel
1 Orange
1 Tasse Mango
Wasser

69. Blaue Birne

1 Bund Löwenzahn
2 Tassen Heidelbeeren
2 Birnen
1 Orange
Wasser

70. Papaya-Energie

150g Feldsalat
½ Papaya (ohne Kerne)
1 Banane
1 Tasse Mango (gefroren)

71. Weizengras Erneuerung

1 Tasse Weizengras
1 Tasse Karottensaft
1 Tasse Orangensaft
1 Apfel
1 Birne
1 Banane
Wasser

72. Fast chinesisch

1 Pak Choi
2 Tassen Weintrauben (kernlos)
1 Tasse Mango
1 kleines Stück Ingwer
etwas Zitronensaft
Wasser

73. Cremig-Sauer

1 Bund Petersilie
½ Avocado
2 Birnen
1 Tasse Johannisbeeren
1 Tasse Apfelsaft
Wasser

74. Birne Banane

½ Salatkopf (Sorte je nach Belieben von neutral bis bitter)
2 Birnen
½ Salatgurke
1 Apfel
1 Banane

75. Süßer Mix

150g Feldsalat
4 Tassen Wassermelone
1 Tasse Weintrauben (kernlos)
Wasser

76. Honey

2 Tassen Chinakohl
4 Tassen Honigmelone
1 Orange
1 Apfel
Wasser

77. 1-2-3-Smoothie

½ Salatkopf (Sorte je nach Belieben von neutral bis bitter)
3 Birnen
1 Banane
2 Orangen
2 Pflaumen

78. Wassermelone erfrischend

½ Salatgurke
4 Tassen Wassermelone
½ Zitrone (ohne Kerne)
1 Orange
1 Apfel
Wasser

1 Tasse = ca. 250 ml oder ¼ Liter

79. Die Römer kommen!

1 Salatherz eines Römersalats
2 Kiwis
2 Tassen Ananas
1 Orange

80. Himmmmmmh...

½ Salatkopf (Sorte je nach Belieben von neutral bis bitter)
4 Kiwis
1 Tasse Himbeeren
1 Tasse Ananas
Wasser

81. Pure Berry

2 Tassen Chinakohl
1 Tasse Heidelbeeren
1 Tasse Himbeeren
1 Tasse Erdbeeren
1 Tasse Johannisbeeren
Wasser

82. Apfel-Himbeer

150g Spinat
50g Feldsalat
1 Apfel
2 Tassen Himbeeren
1 Banane
Wasser

83. Apricot

150g Feldsalat
2 Pfirsiche
6 Aprikosen
Wasser

84. Weinsalat

½ Salatkopf (Sorte je nach Belieben von neutral bis bitter)
2 Tassen Weintrauben
1 Banane
Wasser

85. Birne, Birne, Birne

½ Salatkopf (Sorte je nach Belieben von neutral bis bitter)
3 Birnen
1 Apfel
1 Banane
1 Pfirsich
Wasser

86. Der Tropische

150g Salatmischung
½ Ananas
2 Pfirsiche
Wasser

87. Petersilie verminzt

1 Bund Petersilie
5 Blätter Minze
2 Birnen
1 Tasse gemischrte Beeren (gefroren)
1 Banane
Wasser

88. Gelb-Rot

150g Salatmischung
4 Tassen Melone
1 Banane
etwas Zitronensaft
Wasser

89. Schwarzkohl fruchtig

4 Blätter Schwarzkohl
1 Banane
1 Apfel
1 Pfirsich
Wasser

90. Erdbeere mag jeder!

2 Tassen Chinakohl
2 Tassen Erdbeeren
1 Tomate
1 Tasse Weintrauben (kernlos)
1 Banane
Wasser

1 Tasse = ca. 250 ml oder ¼ Liter

91. Colada

1 Pak Choi
½ Ananas
etwas Kokosmilch
Wasser

92. Beach Party

150g Salatmischung
2 Tassen Wassermelone
1 Apfel
1 Orange
1 Banane

93. Caipi smooth

2 Tassen Mangold
½ Salatgurke
1 Limette (nur den Saft)
1 Banane
1 Birne
Wasser

94. Cool Ananas

150g Babyspinat
2 Tassen Ananas
1 Banane
1 Apfel
1 Birne
Wasser

95. Sour cream

½ Salatkopf (Sorte je nach Belieben von neutral bis bitter)
½ Zitrone (Saft)
1 Orange
½ Avocado
1-2 Pfirsiche
Wasser

96. Die Passion

150g Feldsalat
2 Pfirsiche
1 Apfel
2 Tassen Mango (gefroren)
Wasser
nach dem Mixen Kerne einer Passionsfrucht zugeben und verrühren.

1 Tasse = ca. 250 ml oder ¼ Liter

97. Orangen-Minze

150g Spinat
2 Tassen Mango (gefroren)
2 Äpfel
2 Orangen
2 Blätter Minze

98. Pflaumen-Genuss

½ Salatkopf (Sorte je nach Belieben von neutral bis bitter)
2 Tassen Weintrauben (kernlos)
1 Banane
½ Salatgurke
5 Pflaumen

99. Portulak lässt grüßen!

1 Tasse junger Portulak
½ Salatgurke
2 Kiwis
1 Tasse Weintrauben (kernlos)
2 Birnen
Wasser

100. Stachelbeer

½ Salatkopf (Sorte je nach Belieben von neutral bis bitter)
1 Orange
2 Tassen Stachelbeeren
1 Tasse Orangensaft
Wasser

101. Beerig mit Mango

150g Feldsalat
1 Tasse rote Johannisbeeren
1 Tasse schwarze Johannisbeeren
1 Tasse weiße Johannisbeeren
2 Tassen Orangensaft
2 Tassen Mango (gefroren)
Wasser

102. Erdbeer-Mangold

2 Tassen Mangold
2 Tassen Erdbeeren
1 Tasse Mango (gefroren)
1 Banane
1 Apfel
Saft einer halben Limette

1 Tasse = ca. 250 ml oder ¼ Liter

103. Römischer Brunnen

100g Feldsalat

50g Römersalat

1 Tasse Himbeeren

1 Banane

2 Pfirsiche

Wasser

104. Möhrengrün

Grün einer Mohrrübe

½ Salatkopf (Sorte je nach Belieben von neutral bis bitter)

1 Dattel (ohne Stein)

1 Tasse Weintrauben

1 Pfirsich

1 Banane

1 Orange

Wasser

105. Ampfer-Energy

1 Bund Sauerampfer

1 Apfel

1 Orange

2 Bananen (gefroren)

Wasser

106. Radieschenglück

150g Spinat
2 Radieschen mit Grün
1 Banane
1 Apfel
2 Zwetschgen
2 Orangen
Wasser

107. Sellerie-Johannisbeere

½ Salatkopf (Sorte je nach Belieben von neutral bis bitter)
Blätter einer roten Rübe
1 Stange Sellerie
2 Tassen rote Johannisbeeren
1 Tasse schwarze Johannisbeeren
1 Banane
1 Feige
Wasser

108. Kiwi-Kohl-Smoothie

1 Tasse Kohl
2 Kiwis
2 Bananen
Wasser

1 Tasse = ca. 250 ml oder ¼ Liter

109. Minz-Birne

3 Tassen Mangold
3 Tassen Ananas
3 Birnen
3 Blätter Minze
Wasser

110. Klassische Avocado

1 Avocado
1 Tasse Chinakohl
1 Birne
2 Bananen
Wasser

111. Heidelbeer cremig

2 Tassen Mangold
2 Tassen Heidelbeeren
1 Banane
1 Birne
Wasser

112. Fast wie Weihnachten

2 Tassen Chinakohl
5 Mandarinen oder Klementinen
1 Orange
2 Bananen
Wasser

113. Mango Mango

½ Salatkopf (Sorte je nach Belieben von neutral bis bitter)
1 Tasse Spinat
2 reife Mangos
1 Pfirsich
Wasser

114. Aprikosengenuss

½ Salatkopf (Sorte je nach Belieben von neutral bis bitter)
etwas Petersilie
5 Aprikosen
1 Pfirsich
1 Banane

115. Fruchtig lecker!

150g Spinat
1 Orange
1 Tasse Erdbeeren
etwas Zitronensaft
1 Banane
Wasser

116. Feldsalat mal anders

150g Feldsalat
1 Tasse Himbeeren
1 Tasse Erdbeeren
1 Banane (gefroren)
1 Apfel
Wasser

117. Mixed Berries

150g Spinat
1 Tasse gemischte Beeren (gefroren)
Saft einer halben Zitrone
1 Banane
1 Birne
Wasser

118. Cool Coconut

½ Salatkopf (Sorte je nach Belieben von neutral bis bitter)
½ Avocado
½ Kokosnuss (Wasser und Kokosnussfleisch)
1 Orange
2 Tassen Mango (gefroren)

119. Himbeer und Johann

½ Salatkopf (Sorte je nach Belieben von neutral bis bitter)
etwas Spinat
1 Banane
1 Tasse Johannisbeeren
1 Tasse Himbeeren
Wasser

120. Einfach und schnell

1 Tasse Kohl
1 kleines Stückchen Ingwer
2 Tassen Orangensaft

1 Tasse = ca. 250 ml oder ¼ Liter

121. Aufwand lohnt sich!

150g Babyspinat
½ Avocado
½ Limette (nur den Saft)
½ Salatgurke
1 Banane
1 Orange
2 Tassen Mango (gefroren)
10 Weintrauben

122. Tomatensaft

2 Stangen Sellerie
2 Tomate
1 Tasse Basilikum
ein paar Tropfen Olivenöl
eine Prise Salz und Pfeffer
Wasser

123. Cream d'Orange

½ Salatgurke
½ Avocado
½ Zitrone (geschält ohne Kerne)
100g Babyspinat
2 Orangen
Wasser

124. Apfel-Beeren

½ Kopf Salat
2 Tassen Beerenmischung (gefroren)
1 Apfel
1 Orange
Wasser

125. Star

150g Babyspinat
1 Sternfrucht
2 Tassen Mango (gefroren)
1 Apfel
1 Orange
½ Banane

126. Achtung sauer!

150g Feldsalat
½ Zitrone (ohne Kerne)
1 Tasse rote Johannisbeeren
2 Äpfel
1 Banane

1 Tasse = ca. 250 ml oder ¼ Liter

127. Direkt vom Feld

50g Feldsalat
50g Mangold
50g Spinat
1 Banane
2 Tassen Mango (gefroren)
1 Tasse Erdbeeren
1 Apfel
1 Orange
Wasser

128. Einfacher Luxus

2 Tassen Chinakohl
2 Tassen Mango (gefroren)
½ Banane
Wasser

129. Gesundheits-Saft

2 Tassen Löwenzahn
2 Bananen
1 Pfirsich
1 Apfel
1 Tasse Orangensaft
Wasser

130. Everyday

½ Salatgurke
100g Feldsalat
1 Apfel
1 Banane
10 Weintrauben (kernlos)
1 Orange

131. Fruchtiger Pak Choi

1 Pak Choi
4 Tassen Wassermelone
Saft einer ½ Limette
1 reifer Pfirsich

132. Auf in den Tag!

1 Bund Petersilie
Grün einer roten Beete
1 Apfel
1 Banane
½ Mango
Wasser

133. Was will man mehr?

1 Tasse Löwenzahn
½ Salatkopf (Sorte je nach Belieben von neutral bis bitter)
2 Birnen
2 Tassen Mango (gefroren)
1 Apfel
1 Tasse Apfelsaft
Wasser

134. Black Berry

150g Salatmischung
2 Tassen Orangensaft
1 Tasse schwarze Johannisbeeren
1 Tasse rote Johannisbeeren
1 Tasse Erdbeeren
1 Birne
Wasser

135. Frozen Dream

2 Tassen Chinakohl
1 Tasse Weintrauben
2 Tassen Mango (gefroren)
1 Orange
Wasser

136. Bitter-Süß

100g Babyspinat
5 Blätter Radicchio
1 Orange
2 Bananen
1 Dattel (ohne Stein)
Wasser

137. Kakipower

½ Salatkopf (Sorte je nach Belieben von neutral bis bitter)
2 Äpfel
2 Kakifrüchte
Wasser

138. Kakivariation

150g Feldsalat
1 Kakifrucht
2 Orangen
ein kleines Stückchen Ingwer
3 Blätter Minze
Wasser

139. Grapefruit zum Frühstück

½ Salatkopf (Sorte je nach Belieben von neutral bis bitter)
1 Grapefruit (ohne Kerne)
2 Datteln (ohne Kerne)
2 Bananen
Wasser

140. Lychee-Smoothie

3 Tassen Mangold
10 Lychees (geschält und entsteint)
1 Tasse Mango (gefroren)
1 Apfel
1 Orange
Wasser

141. Würziger Drink

1 Bund Petersilie
½ Salatgurke
1 Apfel
1 Orange
2 Bananen
Wasser

142. Paradies

½ Eichblattsalat
2 Orangen
1 Tasse Johannisbeeren
1 Banane
Wasser

143. Sommer-Erfrischung

3 Tassen Chinakohl
½ Zitrone (geschält, ohne Kerne)
1 Apfel
2 Orangen
2 Tassen Mango (gefroren!)
Wasser

144. Roter Blitz

1 Tasse rote Johannisbeeren
1 Tasse Himbeeren
1 Tasse Erdbeeren
1 Apfel
1 Orange
Wasser

145. Stachelbeer und Co.

2 Tassen Kohlblätter
2 Tassen Stachelbeeren
1 Orange
1 Tasse Apfelsaft
Wasser

146. Papaya-Klassiker

150g Feldsalat
½ Papaya (ohne Kerne)
2 Tassen Wassermelone
½ Zitrone (geschält, ohne Kerne)
Wasser

147. Orange-Kiwi

3 Tassen Chinakohl
½ Papaya (ohne Kerne)
2 Orangen
1 Kiwi
etwas Zitronensaft
Wasser

148. Aprikosen-Versuchung

150g Spinat
3 Pfirsiche
5 Aprikosen
1 Tasse Johannisbeeren
Wasser

149. 5x1=Spitze!

½ Salatkopf (Sorte je nach Belieben von neutral bis bitter)
1 Tasse Weintrauben (Kernlos)
1 Sternfrucht
1 Orange
1 Mandarine
1 Banane
½ Avocado

150. Mango genießen

½ Salatkopf (Sorte je nach Belieben von neutral bis bitter)
2 Mangos
½ Papaya (ohne Kerne)
½ Zitrone (geschält ohne Kerne)
Wasser

151. Kiwi-Orange

150g Spinat
3 Pfirsiche
2 Kiwis
1 Orange
1 Banane
Wasser

152. Vitaminbombe

100g gemischter Salat
etwas Brunnenkresse
2 Birnen
1 Apfel
1 Banane
Wasser

153. Kohl-Glück

2 Tassen Kohlblätter
2 Bananen
1 Orange
1 Kiwi
Wasser

154. Chic

½ Chicorée
½ Salatkopf (Sorte je nach Belieben von neutral bis bitter)
2 Bananen
1 Birne
1 Apfel
1 Tasse Apfelsaft
Wasser

155. Coconut Kiss

150g Feldsalat
1 Kokosnuss (Kokoswasser und Fleisch)
1 Orange
1 Mango
Wasser

156. Sternfrucht-Apfel

150g Spinat
1 Banane
1 Apfel
1 Tasse Apfelsaft
1 Sternfrucht

1 Tasse = ca. 250 ml oder ¼ Liter

157. Pfirsich-Beschleuniger

½ Salatkopf (Sorte je nach Belieben von neutral bis bitter)
3 Pfirsiche
2 Kiwis
½ Zitrone (ohne Schale und Kerne)
1 Mango
Wasser

158. Cremig-Cool

½ Salatkopf (Sorte je nach Belieben von neutral bis bitter)
2 Pfirsiche
5 Blätter Minze
2 Aprikosen
1 Banane
Wasser

159. Kurz und gut!

150g Spinat
2 Äpfel
3 Tassen Mango (gefroren)
1 Orange

160. Honigmelone grün

150g Spinat
2 Orangen
2 Kiwis
½ Honigmelone (ohne Schale und Kerne)
Wasser

161. Honigmelone sauer

150g Feldsalat
½ Honigmelone
1 Tasse Johannisbeeren (gefroren)
1 Apfel
Wasser

162. Paprika!

1 Bund Petersilie
½ rote Paprika
1 Tomate
3 Bananen
1 Tasse Mango (gefroren)
Wasser

163. Vanille

½ Salatkopf (Sorte je nach Belieben von neutral bis bitter)
Mark von ½ Vanilleschote
2 Tassen Mango (gefroren)
2 Äpfel
2 Orangen
Wasser

164. Apfeltraum

½ Salatkopf (Sorte je nach Belieben von neutral bis bitter)
3 Äpfel
3 Bananen
Wasser

165. Gurke-Ananas

½ Salatgurke
100g Feldsalat
3 Tassen Ananas
1 Banane
Wasser

166. Kaki-Mango

150g Feldsalat
1 Mango
1 Kakifrucht
2 Orangen
Wasser

167. Würzige Kiwi-Orange

150g Spinat
1 Selleriestange
2 Kiwis
2 Orangen
2 Bananen
Wasser

168. Melonendrink

100g Spinat
5 Tassen Wassermelone
½ Zitrone

1 Tasse = ca. 250 ml oder ¼ Liter

169. Einfach & cremig

½ Avocado
1 Hand voll Salat
1 Banane
1 Apfel
2 Pfirsiche

170. Mangold-Banane

3 Tassen Mangold
1 Banane
½ Zitrone (geschält, ohne Kerne)
1 Orange
2 Tassen Mango (gefroren)

171. Kaki-Banane

1 Tasse Chinakohl
1 Hand voll Feldsalat
2 Orangen
1 Banane
1 Kakifrucht
Wasser

172. Süße Versuchung

100g Feldsalat
etwas Kresse nach Geschmack
ein Stückchen Ingwer
5 Datteln (ohne Stein)
1 Orange
Wasser

173. Herbst-Vitamine

100g Feldsalat
50g Römersalat
5 Zwetschgen (entsteint)
2 Birnen
1 Apfel
½ Banane
Wasser

174. Erdbeeren sind reif!

150g Babyspinat
4 Tassen Erdbeeren
1 Banane
Wasser

175. Winterglück

½ Salatkopf (Sorte je nach Belieben von neutral bis bitter)
3 Orangen
2 Bananen
Wasser

176. Mandarinen-Smoothie

½ Avocado
½ Salatgurke
2 Orangen
1 Apfel
2 Mandarinen
1 Tasse Mango (gefroren)

177. Die Mischung macht's!

½ Salatkopf (Sorte je nach Belieben von neutral bis bitter)
2 Tassen Beerenmischung (gefroren)
2 Äpfel
1 Banane
Wasser

178. Klassischer Wachmacher

½ Salatkopf (Sorte je nach Belieben von neutral bis bitter)
1 Banane
2 Pfirsiche
2 Aprikosen
2 Kiwis
Wasser

179. Nektarinen-Drink

150g Spinat
2 Nektarinen
1 Tasse Erdbeeren
10 Weintrauben (kernlos)
Wasser

180. Ampel

½ Salatkopf (Sorte je nach Belieben von neutral bis bitter)
2 Tassen Erdbeeren
1 Mango
Wasser

1 Tasse = ca. 250 ml oder ¼ Liter

181. Sauer wird süß

150g Feldsalat
1 Grapefruit
2 Datteln (ohne Stein)
1 Banane
1 Birne
Wasser

182. Power-Drink

1 Tasse Kohl
1 Bund Petersilie
1 Apfel
2 Orangen
1 Banane
1 Birne

183. Kohl und mehr

3 Tassen Schwarzkohl
1 Mango
1 Orange
1 Apfel
Wasser

184. Ingwer in China

2 Tassen Chinakohl
1 kleines Stückchen Ingwer
3 Pfirsiche
1 Mango

185. Tropische Mischung

150g Spinat
½ Ananas
1 Banane
Wasser

186. Brombeeren!

1 Bund Petersilie
1 Hand voll Spinat
1 Banane
3 Tassen Brombeeren
Wasser

187. Gurke im Smoothie

½ Salatgurke
100g Feldsalat
1 Birne
1 Orange
1 Apfel
Wasser

188. Eichblatt-Banane

100g Feldsalat
100g Eichblattsalat
1 Banane
2 Kiwis
2 Tassen Mango (gefroren)
Wasser

189. Wirsing

150g Wirsing
1 Banane
1 Mango
1 Orange
1 Birne
Wasser

190. Birnensmoothie

150g Kohlblätter
3 Birnen
1 Apfel
2 Orangen
Wasser

191. Süßer Kohl

150g Schwarzkohl
2 Äpfel
2 Orangen
2 Bananen
Wasser

192. Kalte Erdbeere

150g Wirsing
2 Tassen Erdbeeren
2 Tassen Heidelbeeren
1 Tasse Mango (gefroren)
Wasser

1 Tasse = ca. 250 ml oder ¼ Liter

193. Wach in den Tag!

2 Tassen Chinakohl
1 Apfel
1 Dattel (ohne Stein)
1 Banane
etwas Zitronensaft
Wasser

194. Ananas-Cocos-Power

100g Spinat
3 Tassen Ananas
1 Kokosnuss (Kokosnusswasser und -fleisch)
1 Orange
Wasser

195. Kiwi-Mango-Mischung

2 Tassen Grünkohl
1 Kiwi
1 Orange
1 Mango
Wasser

196. Cranberries

150g Schwarzkohl
1 Tasse Cranberries
2 Bananen
Wasser

197. Himbeer-Genuss

150g Wirsing
2 Tassen Himbeeren
1 Tasse Johannisbeeren
1 kleines Stück Ingwer
Wasser

198. Achtung Grün!

1 Tasse Grünkohl
1 Tasse Spinat
1 Grapefruit
1 Banane
2 Datteln (ohne Kerne)

1 Tasse = ca. 250 ml oder ¼ Liter

199. Birne pur!

150g Feldsalat
1 Apfel
1 Orange
3 Birnen
Wasser

200. Lecker Brombär!

2 Tassen Mangold
1 Tasse Feldsalat
1 Tasse Brombeeren
1 Tasse Himbeeren
1 Apfel
1 Banane

Weiterführende Literatur:

Boutenko Victoria:
Grüne Smoothies (ISBN 978-3939570707)

Sommer Ian:
Grüne Smoothies, einfach schlank: Endlich ohne Hunger abnehmen!
(ISBN 978-3735722157)